IDÉE

D'UN COMPOSITEUR TYPOGRAPHE

PROPOSÉE

AU GOUVERNEMENT

DE

L'EMPEREUR NAPOLÉON III.

———

Ne cherchez pas ici le talent, le savoir,
Le style, la phrase brodée...
Non, non, non : ce n'est qu'une idée ,
Toute simple, on verra, mais qu'il fallait avoir.

MARSEILLE

IMPRIMERIE SAMAT

Quai du Canal, 9.

—

1867.

IDÉE
D'UN COMPOSITEUR TYPOGRAPHE

PROPOSÉE

AU GOUVERNEMENT FRANÇAIS.

Indépendamment de l'autorisation qu'une loi peut nous donner de publier notre manière de voir et de penser en toutes choses, il est une autre autorité que nous devons consulter *avant de nous y résoudre* : l'autorité de notre conscience. Elle nous répondra toujours si nous sommes bien sûrs que cette publicité sera honnêtement profitable à ceux de qui elle pourrait tracer la ligne de conduite ou régler les convictions.

A quelle rigoureuse observation de soi-même cette considération n'oblige-t-elle pas ?

Au moment où l'Empereur, fidèle à sa promesse et à ses principes, vient de donner une nouvelle preuve de la force de son Gouvernement en présentant aux Chambres une loi qui garanti de plus larges libertés à la Presse, — il est du devoir de tous les citoyens amis de l'ordre et de l'autorité établie, de seconder notre auguste Souverain dans sa généreuse initiative, par de franches adhésions à sa politique ou par des actes capables de lui favoriser davantage la tâche que dans sa haute et persévérante sagesse il poursuit dans le chemin de la sécurité.

A cet effet, j'ai l'honneur et considère comme un devoir de proposer au Gouvernement un nouveau mode de publication applicable principalement à des journaux populaires , et destiné , je le crois, à améliorer , dans un double sens d'ordre moral et matériel , le sort des classes laborieuses en général , d'être favorable dans son développement aux intérêts des travailleurs typographes, et conséquemment de seconder le Gouvernement dans son action évidente d'ordre, de progrès et de civilisation.

Ce nouveau mode de publication consiste à imprimer , *à Paris* , une feuille quotidienne donnant des nouvelles politiques limitées à un genre spécial, c'est à dire *sans en traiter* (*). Cette feuille , par une addition d'impression typographique destinée à en faire un tout complexe , formerait alors un journal, lequel , au moment de sa répansion dans tout l'Empire, pourrait contenir les nouvelles politiques les plus récentes et les nouvelles complètes relatives à chaque localité.

Ainsi, en arrivant à Marseille, par exemple , cette feuille , imprimée à Paris , peut être distribuée et servie *instantanément* au public, complétée de tous les renseignements relatifs à la localité , c'est à dire renfermant dans ses colonnes : les Actes et Avis des Administrations Départementale et Municipale communiqués *le jour même* , les faits locaux recueillis aussi dans la même journée ; les nouvelles commerciales , maritimes , mouvement des ports, etc.; le tout *d'une manière complète* et sans que ce journal ait à éprouver pour cela le moindre retard sur tous les autres journaux arrivés , pour ainsi dire , en même temps que lui de la capitale. — Et ainsi de Marseille comme pour toutes les autres villes de France.

La simple manière pratique pour obtenir cet utile résultat, est celle-ci :

(*) On verra plus loin si la différence que je fais eutre les journaux traitant de questions politiques et d'économie sociale et les journaux publiant seulement dés nouvelles politiques et autres, est suffisamment établie pour être prise en considération.

Les journaux sont imprimés sur deux faces, dont l'une est représentée par les deuxième et troisième pages et l'autre par les première et quatrième.— A Paris, on ne devrait imprimer que la surface intérieure, autrement dit la *deuxième et la troisième pages*.— Dans ces deux pages, seraient contenus les renseignements politiques, les nouvelles diverses, celles de la Bourse, etc., etc., et le feuilleton s'il y avait lieu. — Cette feuille, ainsi imprimée d'un côté, serait envoyée, en ballots (*), par nombres d'exemplaires limités et conveuus, à des imprimeurs correspondants des départements, *lesquels devraient tenir prêtes et sous presse les pages première et quatrième*, destinées à compléter sur ses deux faces l'impression de ce journal. Ces deux pages contiendraient : la première, le titre du journal d'abord, les Actes et Avis des Administrations Municipale et Départementale, les nouvelles et faits de la localité, etc.; la quatrième (selon la position topographique du lieu), les nouvelles commerciales, maritimes, agricoles, des ports, des marchés, etc., et les annonces.

Lesdits imprimeurs correspondants des diverses villes de France recevraient cet imprimé uniforme et d'une même rédaction pour toutes les localités, moyennant un abonnement fixé à 5 francs par jour, quelle que fût la quantité d'exemplaires démandés, frais de chemin de fer en sus à leur charge et un centime pour papier de chaque exemplaire.

Le coût de la composition en lettres des pages deuxième et troisième, imprimées à Paris, peut être évalué de 24 à 25 francs. En déduisant sur cette somme, économisée journellement par les

---

(*) Ce ne serait pas encore là un journal : le journal ne serait définitivement établi qu'après son complément d'impression fait dans les départements, alors que les noms de l'imprimeur et du gérant responsables y seraient apposés. Or, cet imprimé incomplet, qui ne sera jamais livré au public tel que, ne peut être soumis aux droits de poste par exemplaire spécifiés dans la loi.

imprimeurs correspondants , le prix d'abonnement et les frais d'expédition , évalués ensemble de 6 à 7 francs, c'est donc une économie réelle de 17 à 18 francs par jour dont profiteraient les imprimeurs des localités, en outre de celle résultant de l'impression déjà appliquée sur une face du journal ; économie qui ne peut être calculée que sur le nombre d'exemplaires expédiés , mais qui n'en est pas moins très notable.

Les imprimeurs correspondants ne manqueraient donc pas à cette feuille populaire par excellence. Dans les grands centres , des concurrents, avec le même système, s'établiraient sans doute et pourraient vivre très bien côte à côte : à eux de s'attirer la faveur publique dans les deux pages qu'il leur resterait à remplir , sans contradiction s'entend avec le sens bien précisé du journal. — Dans des localités de moindre importance , tel journal qui ne paraît qu'une ou deux fois la semaine , pourrait devenir quotidien et se maintenir parfaitement en raison des économies que présente ce mode de publication.— Des éditions résumées pourraient encore être créées pour servir , tous les deux ou trois jours , des localités d'un ordre moins important encore.

L'imprimeur correspondant serait libre de choisir le titre de son journal , après l'avoir déclaré , ainsi qu'il est dit dans la loi.

Il est à observer que la concurrence tentée avec le même système , appliqué à des journaux *traitant* , ceux-ci, de questions politiques et d'économie sociale , serait impossible : quels imprimeurs voudraient apposer leurs noms responsables au bas d'un journal dont la moitié lui arriverait de Paris tout imprimée?

Ce n'est pas en manière d'antagonisme ou de défit que je fais ici cette observation : elle ne m'est suggérée que par la conviction où je suis de mettre entre les mains d'un Gouvernement nommé par le Peuple, le moyen le plus sûr de propager ses Actes avec leur véritable sens, tels qu'ils doivent être lus , tels qu'ils doivent être appréciés , tels enfin qu'ils doivent être jugés par ce même Peuple (*).

Quoi qu'il en soit, ces petits journaux, — tous de même origine et différemment dénommés — en raison de l'économie notable qu'on peut obtenir dans leur exploitation , peuvent être livrés au prix minime de *cinq centimes , sans sacrifices à faire d'aucune part* ; et sans entrer dans d'autres détails superflus sur leurs avantages réels, il est permis d'affirmer qu'ils seraient bientôt l'objet d'une préférence universellement établie

---

Jusqu'ici je n'ai parlé ni du timbre ni du cautionnement. En conscience , cependant, je crois que le Gouvernement , dans les limites de son pouvoir , peut s'autoriser à favoriser tout ce qui lui paraît devoir apporter une amélioration ou un profit au Peuple. Mais il n'est besoin ici, cela a été dit, d'aucune faveur , d'aucun sacrifice. — A propos de l'exonération du timbre , par exemple , il ne serait pas juste qu'en voulant faire profiter le Peuple d'une mesure prise à son intention, la Haute Administ.ation en vît tirer avantage par les seuls imprimeurs correspondants. — Ainsi, ces divers journaux qui, par des observations mentionnées plus loin , pourraient être considérés comme *ne traitant pas de questions politiques* , n'en inséreraient pas moins des annonces commerciales , industrielles , judiciaires même, et ce cas seul doit suffire pour les faire comprendre dans la catégorie des journaux soumis

---

(*) On ne saurait alléguer que c'est là un système abusif et insinuer qu'on peut, par ce moyen, donner le change au Peuple en ne lui faisant connaître que ce que l'on veut et surtout de la manière que l'on veut qu'il le connaisse. Ceux qui apprécient sans parti-pris. peuvent se rendre compte du temps que pourrait durer aujourd'hui cette manière de procéder sur les masses. Il faut cependant reconnaître que la saison de ce genre de critique commence à décliner. (S'en expliquer la cause principale par la publication constante et *in extenso* des séances du Corps législatif. Séances que nous publierons aussi, le cas échéant.)

au timbre de *un centime*. Pour cela, l'économie au profit des imprimeurs, signalée ci-dessus, n'en demeure pas moins acquise : on peut se convaincre que le produit des annonces dédommagerait toujours de ce droit à payer. — Donc, ces journaux, malgré le timbre, pourraient encore être livrés à cinq centimes l'exemplaire et laisser de grandes chances de succès aux imprimeurs.

Il n'en serait pas de même au sujet du cautionnement, auquel ces journaux, — dont la nouvelle loi sur la Presse déterminerait bien le genre en tenant compte des modifications ci-dessous, — ne devraient pas être assujettis.

Voici ces modifications :

« 1° En matière de journalisme, ne considérer comme *journaux politiques* soumis au timbre de 5 centimes pour les départements de la Seine et de Seine-et-Oise et de 2 centimes partout ailleurs, et au cautionnement, que les feuilles *traitant* de questions politiques et d'économie sociale ; — c'est à dire celles qui non seulement insèrent les Actes du Gouvernement relatifs aux affaires à l'intérieur et à l'extérieur, ceux des Autorités Départementales et Municipales et de toute autre branche administrative adhérant par quelque point à la souche gouvernementale, — mais encore les commentent, les discutent, soutiennent même des polémiques à leur sujet, et qui enfin, après une appréciation à leur point de vue favorable ou défavorable à la conduite du Gouvernement ou des diverses Administrations, mise en question, en arrivent à une conclusion que ces feuilles placent sous les yeux du public comme étant ou devant être la ligne d'appréciation suivie ou à suivre de l'opinion ; ·

« 2° Affranchir du cautionnement seulement, en ne les considérant pas comme traitant de questions politiques, mais simplement comme *publicateurs de nouvelles sûres et utiles*, les journaux publiant, sans commentaires ni appréciations particulières autres que les explications dont on jugerait devoir les faire suivre *originairement*, s'il y avait lieu, pour bien en préciser le sens et la portée, — les Actes politiques et autres des Autorités, publiés, affichés ou commniqués officiellement, et qui intéressent tous les citoyens administrés de l'Empire, dans quelle condition et quelle classe qu'ils se trouvent placés. »

Telles sont les modifications que je considère, dans leur application, comme devant puissamment contribuer au développement des intérêts moraux et matériels des classes populaires ; but vers lequel tendent l'action constante du Gouvernement et le vœu manifeste de l'Empereur (·).

(·) En fin de compte, je ne sais pas si ces modifications, que je signale comme chose nouvelle à placer dans la loi, ne s'y trouvent déjà sous entendues dans le deuxième paragraphe de l'article 6, ainsi conçu :

« Si le journal n'est pas soumis au cautionnement, l'amende ne pourra, au total, dépasser le tiers du cautionnement auquel il aurait été assujettis « s'il eût traité de questions politiques et « d'économie sociale. »

S'il en était ainsi, il vaudrait mieux encore que le législateur précisât bien ce qu'il entend par « traiter de questions politiques et d'économie sociale » que d'en laisser l'appréciation à un tribunal.

Dans tous les cas, il y a, selon moi, trois manières de publier la nouvelle politique : la publier, 1· en substance, c'est à dire le fait *vrai* seulement ; 2· avec explications ou complément ; 3· avec commentaires où la mettre en question et la traiter.

Je distingue ces différentes manières par trois exemples que voici :

Premier exemple ; en substance ou le fait *vrai* seulement :

« M. Sapajoua, envoyé de la reine de Madagascar, est arrivé à Paris ; il vient signer le traité de commerce conclu entre la France et l'île mascate. »

Deuxième exemple ; avec explications ou complément :

« M. Sapajoua, envoyé de la reine de Madagascar, est arrivé à Paris. Il vient signer le traité de commerce conclu entre la France et l'île mascate.

« Aux termes de ce traité, tous les navires français chargeant à l'avenir dans les divers ports de l'île, pourront exporter sans payer aucun droit de sortie. »

J'ai dit en commençant que ce mode de publication seconderait le Gouvernement, — serait utile au Peuple , — servirait les intérêts des Typographes , mes confrères ; et en effet :

Il seconderait le Gouvernement , — en popularisant ses Actes dans leur véritable sens , ainsi que ceux ressortant des diverses Administrations qui en dépendent, par la création de nombreuses feuilles du genre indiqué.

Serait utile au Peuple, qui , parmi tant d'appréciations divergentes d'opinions sur les affaires politiques et autres, ne demande qu'à ne pas fourvoyer ses convictions, — en se sens qu'il lui serait possible, par ce moyen, de se tenir économiquement et d'une manière régulière au courant des affaires de l'Etat et de toutes autres en général, et de les apprécier en dehors de toute influence.

Ceci ne peut être mis en suspicion par qui que ce soit, et à plus forte raison si l'on se dit libéral : quoi de plus naturel, en effet , et de plus conforme à la liberté que cette appréciation dégagée

---

Troisième exemple ; avec commentaires ou traiter la question :

« M. Sapajoua, etc.

« Le but occulte que poursuit le Gouvernement français dans la conclusion de ce traité , n'aura échappé à la sagacité d'aucun lecteur intelligent : nous ne voyons là qu'une nouvelle attaque dirigée contre la Presse en vue de l'atteindre dans la plus incontestée de ses prérogatives. On sait que l'île de Madagascar est très productive en *cocos* ; or, ce fruit, importé désormais en franchise de droit, peut faire tomber en défaveur les *cocos* (d'autres disent canards), bien préférables à tous égards, que la Presse française cherche journellement à faire accepter au public. Espérons cependant que cette perfidie , condamnée comme moyen et qui ne sera pas autrement considérée que comme un abus de pouvoir , ne nous fera pas le tort que l'on peut penser, et que grâce à sa supériorité, le *coco* de la Presse, dont la propriété est surtout d'entretenir le tempéremmeut facile à endoctriner dans une chaude surexcitation, aura toujours la préférence des vrais amateurs snr l'affreux *coco* zanzibar , malgré les séduisantes et abusives vanteries de certains préconiseurs intéréssés ! »

A mon sens , les deux premiers exemples peuvent être publiés par des journaux *nouvellistes politiques*, non assujettis au cautionnement.

enfin de toute influence ? Nous y marchons , c'est certain ; et le jour u'est peut-être pas éloigné où le Peuple , suffisamment éclairé, pourra secouer cette tutèle du journalisme par trop exclusive et prétentieuse dans bien des cas... — Ce jour-là, le journalisme ne mourra pas (il ne faut pas qu'il meure ! c'est un phénix, d'ailleurs, il renaîtrait de sa cendre); mais il lui faudra abdiquer son titre de tuteur, qui n'aura plus aucune raison d'être.—Alors, le Peupîe, grâces à de bonnes institutions venues en leur moment par des transitions sagement ménagées, pourra atteindre sérieusement le but qu'il poursuit , but dont certains cherchent à l'éloigner et que d'autres auraient voulu lui faire toucher de première volée , sans songer au peu de chance qu'il aurait eu de s'y maintenir longtemps. Enfin, on nous l'aura fait atteindre ce but par des moyens compatibles avec l'organisation établie des sociétés, organisation avec laquelle les gouvernants les mieux intentionnés sont pourtant obligés de compter.

Servirait enfin les intérêts des Typographes , — par le travail que la multiplicité de ces feuilles apporterait dans la typographie , et surtout, point notable , par la facilité (qui va s'accroître bientôt par la suppression des brevets) que les ouvriers eux-mêmes auraient d'en créer coopérativement dans les départements. En effet , les seuls frais ne portant à peu près que sur la chose matérielle, les travailleurs intelligents , laborieux et économes , pourraient enfin tirer profit, autrement que d'une manière exclusivement morale, de ces vertus et qualités qui sont d'ordinaire une garantie d'avenir dans toute autre partie.

OBSERVATIONS
A L'APPUI DES PROPOSITIONS CI-DESSUS.

A la suite d'un recensement fait par moi dans les divers dépôts de vente , dans Marseille , du *Moniteur universel du soir* , je me suis convaincu que cette petite feuille n'est pas répandue en raison des services qu'elle à l'intention de rendre au Peuple. Ce n'est pas qu'elle soit délaissée ou qu'on lui soit généralement indifférent : il convient de rechercher ailleurs la cause de cet incomplément de clientèle.

Dans les grands centres commerciaux (Marseille ou autres), où les heures journellement consacrées au travail sont quelquefois insuffisantes à leur entier accomplissement, ce n'est pas, selon moi, un journal exclusivement politique, ou à peu près, qui doit être le plus suivi, quelle que soit la modicité de son prix. Beaucoup préféreront, après leur labeur, donner du temps à la lecture d'un tout autre genre de publication, moins profitable, moins sérieux, mais qui viendra faire diversion, en amusant leur esprit, à une pénible journée de travail.

Il n'en serait certainement pas ainsi si ce journal pouvait, pour le même prix, contenir en même temps que des nouvelles politiques des nouvelles de la localité.....

Alors, créé pour le Peuple en général et pour les travailleurs particuliérement, on peut affirmer que le *Moniteur du soir* n'a pas atteint complètement son but, et que ce ne sont pas, en majorité, les classes laborieuses qui font sa clientèle trop restreinte.

Les artisants, je l'ai dit, captivés par tout autre genre de publication en temps ordinaires, ne pensent à la politique, à en lire un peu, que dans les grandes occasions, aux époques des Elections, par exemple, et encore ce ne sera que l'infime minorité. Or, cette minorité *(qui ne lit pas les séances des Chambres, hélas!)*, hostile ou non, choisira plus particulièrement les journaux dont la tactique, invariable pour la plupart, consiste à se faire considérer comme les victimes de leur dévoûment à la cause populaire. Le reste, qui constitue la grande majorité des Electeurs, trouve plus facile de régler sa conviction, en discernant comme il le peut, sur ce qu'on entend dire dans les conversations politiques, tant fréquentes aux époques des Elections. Système d'autant plus dangereux, que dans ces conversations, laissées à peu près complètement libres dans ces moments-là, *ce ne sont pas les amis du Gouvernement qui osent parler le plus haut*, quoi qu'on en dise.

L'Empereur accomplira son salutaire et glorieux programme, cela n'est plus mis en doute par personne, pas même par ceux qui, en parfaite connaissance de cause cependant, lui feront pent-être obstacle jusqu'au dernier moment, et cela pour des motifs auxquels les vrais intérêts et le bien-être réel du Peuple, je le crains, sont complètement étrangers. Oui, l'Empereur accomplira son glorieux programme ; en attendant, il est du devoir de tous les citoyens reconnaissants et dévoués qui comptent dans leurs sentiments honorables la bonne foi et l'amour du prochain, de lui favoriser la voie le plus possible par tel moyen raisonnable que l'on a en son pouvoir.

Ainsi je pense agir en faisant humblement hommage de mon idée au Gouvernement de l'Empereur NAPOLEON III, — *lui demandant l'autorisation de créer, à Paris, cette* Feuille de Nouvelles *en coopération avec la Société typographiqne, dans le cas où l'offre que j'ai la satisfaction de lui faire ci-après, dans une lettre adressée à son Président, serait acceptée.*

J.-B. SCOVA,

Compositeur typographe.

CONCLUSION.

Le but moral qui a donné lieu à la création du *Moniteur du soir*, personne ne l'ignore. Or, proposer une Publication ayant quatre fois plus de chance pour l'atteindre ce but, c'est aller au-devant du vœu de chacun. On peut donc se promettre que tout ce qui pourra être fait, dans les limites du droit, en faveur de cette Publication, ne lui fera pas défaut. — Il ne s'agit pas ici de priviléges : il s'agit d'établir une chose profitable à tous en général et particulièrement à un corps d'état tout entier.

A M. le Président de la Société typographique de Paris.

Monsieur,

J'ai l'honneur de proposer au Gouvernement de l'Empereur et de lui demander l'autorisation de créer, à Paris, une Feuille de Nouvelles *qui, par la combinaison d'un complément d'impression opéré dans les départements, me paraît devoir toucher à une grande utilité, ainsi que vous pouvez en juger par la lecture de l'Exposé ci-devant.*

Le Gouvernement, je le crois, ne peut manquer de donner son assentiment à ma proposition, en considération des services que le système proposé peut rendre aux classes laborieuses, objet de sa constante sollicitude.

Mais moi, monsieur, je ne serai réellement satisfait qu'autant que mon idée, appliquée, aura été profitable au plus grand nombre possible.

Alors, j'offre de grand cœur à la Société typographique de Paris de participer, en coopération avec moi, à cette affaire d'imprimerie, lui assurant dès ce moment que la plus grande part dans les bénéfices lui sera garantie.

Cette coopération ne serait engagée d'ailleurs que pour un temps limité, à l'expiration duquel la Société demeurerait seule ayant droit.

En votre qualité de Président de la Société typographique de Paris, je vous prie, monsienr, d'être mon interprète auprès d'elle, en lui faisant part de ma proposition et en l'assurant bien que je la fais autant pour assurer à l'entreprise un concours pratique et intelligent de sa part, que pour lui prouver les sentiments de bonne confraternité dont je suis animé à son égard.

Par la suppression des brevets, la Typographie va entrer dans une ère d'émancipation dont elle a grand besoin, ne nous le dissimulons pas. Bien des plaies qui n'étaient, il faut le croire, que la conséquence de son état subordonné, vont disparaître, espérons-le... Bénissons donc la main qui nous est tendue à notre tour, et ne déméritons pas la réputation de corps intelligent qu'on nous donne, en ne pas sachant tirer profit des moyens qu'une loi équitable nous offre de nous améliorer. Quant à moi, je serais trop heureux si la coopération que je propose à la Société de Paris, pouvait aider, par des rapports obligés de tous les jours, à cimenter enfin l'entente complète entre elle et la typographie des départements.

J.-B. SCOVA,

Compositeur typographe.

Demeurant à Château-Gombert (banlieue de Marseille).

* 9 7 8 2 0 1 2 4 6 6 9 1 3 *